FLUX

ET REFLUX.

Périgueux. — Imp. FAURE et RASTOUIL.

FLUX

ET REFLUX,

PAR M. ANDRIEUX.

Honneur à la France!
Hommage à la vertu!
(ANDRIEUX.)

A PARIS,

CHEZ SIROU ET DESQUERS, LIBRAIRES,

RUE DES NOYERS, 37;

A SARLAT, CHEZ LARNAUDIE, LIBRAIRE.

1847.

FLUX

ET REFLUX.

<hr>

Les peuples et les rois
ont des droits récipro-
quement inviolables.

I.

De la politique.

La politique est l'art de gouverner
un état.

1.

Il y a plusieurs sortes de gouvernemens : *le gouvernement monarchique,
le gouvernement despotique, l'oligar-
chie et la république, sont les princi-
paux gouvernemens de l'Europe.*

Il y a deux sortes de gouvernemens
monarchiques : *le gouvernement monarchique de droit et le gouvernement
monarchique de fait.*

Sous le régime de droit, le roi règne et gouverne; son pouvoir est ab-
solu, souverain.

Sous le régime de fait, le roi règne
et ne gouverne pas; les ministres sont
responsables.

Dans un gouvernement de droit, l'impôt est voté par le roi. Dans un gouvernement de fait, il est voté par la majorité du peuple.

De la loi électorale.

La loi électorale est une loi inconstitutionnelle. S'il en était autrement, la minorité serait appelée à voter exclusivement. Le droit de fait, établi par la majorité des suffrages, serait détruit. Il est certain que la chambre des députés ne peut être établie de fait que par la majorité du peuple; que l'impôt ne peut être voté que par lui.

De la réforme électorale.

La modification des articles 1, 2, 3, 58 et 39 de la loi du 19 avril 1851, *proposée par M. Duvergier de Hauranne,* n'est pas assez en rapport avec la dignité du pays.

Les modifications du tableau *annexe de la loi* s'opposent au vœu longuement exprimé par la France : *l'extension générale.*

L'admission des capacités, la réduction du cens éligible et l'élection préparatoire des cantons, voilà la réforme essentielle, le vœu national.

Projet.

1. Tout Français lettré, âgé de 40 ans et jouissant de ses droits, est électeur.

2. Le cens éligible est fixé à 100 fr.

3. Chaque chef-lieu de canton aura son collége préparatoire d'élection.

4. Il n'y aura qu'un seul tour de scrutin, dont le résultat sera porté le troisième jour, par les membres de chaque bureau préparatoire, au chef-lieu d'arrondissement électoral, qui votera ce jour-là.

5. Le dépouillement général des délibérations des cantons amènera l'élection des députés, un vote libre et consciencieux.

La chambre appartient au pays avant d'appartenir à l'état.

Un gouvernement de fait, c'est un gouvernement électoral. Établi sur la justice et les mœurs, c'est le meilleur gouvernement de l'homme; mais séparé de ce principe, c'est un état de corruption et de scandale.

Il y a deux majorités dans un gouvernement de fait : *la majorité numérique et la majorité capacitaire.* Celle-ci est destinée à éclairer les mœurs, celle-là est employée à les maintenir.

La morale du peuple dépend de la morale de l'état.

De l'élection.

Le corps électoral doit une attention particulière à l'élection morale des députés. C'est en ce sens que ce corps honorable a reçu le dépôt de l'autorité et des mœurs publiques.

Les passions ne doivent jamais pénétrer dans le sanctuaire électoral. *La liberté de fait, c'est la morale; l'égalité de droit, c'est la justice.*

Les opinions politiques naissent de la passion ou du principe vicieux des gouvernemens.

Des hommes d'état.

Les hommes d'état ont deux consciences : *la conscience civile et la conscience politique.* Il est deux systèmes politiques : *le système intérieur et le système extérieur.* Enfin, *une police secrète à l'intérieur et à l'extérieur.*

On appelle administration la direction des affaires publiques.

De la concession.

Le système vicieux de concession est

une preuve de l'absence de la force morale d'un état. *La force morale s'établit par le droit.*

La concession peut être un acte d'intérêt personnel ou de mauvaise foi. Lorsqu'il en est ainsi, la concession est un crime.

De l'insurrection.

L'insurrection du peuple contre le souverain ou contre l'état, est toujours criminelle. *Soyez soumis aux puissances.* (Saint Paul.) C'est à la garde nationale qu'il appartient d'intervenir sagement dans les émeutes, les soulèvemens populaires.

2

L'intervention de l'armée dans l'insurrection est une faute grave de l'état. Un gouvernement de fait doit avoir l'opinion publique. Son existence n'est pas une existence militaire, c'est une existence civile, nationale. *L'armée ne devrait jamais se tourner contre le peuple.*

De la guerre.

La guerre n'est pas un bienfait; cependant elle est utile, nécessaire.

La guerre est utile lorsqu'elle profite au commerce ou à l'industrie. Elle est nécessaire pour la défense, l'honneur et la sécurité du pays.

La guerre anglaise serait utile à la France, à son commerce ; mais cette guerre n'aura pas lieu sous un gouvernement de fait : on redoute la porte de derrière, le poids immense du droit européen.

Dans les insultes à la personne du roi ou de l'état, la guerre n'est pas légitime ; il faudrait que l'insulte fût générale, qu'elle s'adressât au pays.

Une cour suprême, établie au centre de l'Europe, devrait décider de la gravité de l'insulte, en ordonner la réparation, sans recourir à la guerre. Il est honteux pour la morale de sacrifier des milliers de soldats à laver l'insulte d'un seul homme.

De l'intervention.

Nul gouvernement n'a le droit d'intervenir en Europe. Ce qu'on peut faire sagement, c'est d'établir un cordon sanitaire et de prévoyance pendant la guerre ou l'insurrection d'un pays voisin.

Lorsque les rois veulent opprimer les peuples ou que le peuple s'insurge contre le souverain, les négociations pacifiques deviennent nécessaires, indispensables; mais quand un pays se décimerait plusieurs fois par l'insurrection, l'intervention armée n'est jamais plausible.

Ce principe . *Sur deux maux il faut éviter le plus grand, est un principe faux et pernicieux.* La justice ne doit pas être sacrifiée à l'intérêt, ni le droit à l'amitié.

Où se trouve le droit se trouve la justice. Voilà le principe.

L'intervention franco‑anglaise en Portugal, est un acte de la mauvaise foi britannique, *une politique vagabonde ou d'intérêt.*

Si les effets dépendent des causes qui

les produisent, il est évident qu'un gouvernement de fait doit dépendre du peuple. Ainsi, si le Portugal se trouve obsédé par un pouvoir arbitraire, il peut abroger la loi méconnue, foulée aux pieds par l'état ; il peut changer ou modifier ce qu'il a établi par ses propres forces. Néanmoins, il ne doit pas le détruire : *la vengeance est indigne de l'homme.*

Chacun veille à sa conservation ; mais l'intérêt particulier doit céder à l'intérêt public et général.

Le Portugal combat un pouvoir injuste et arbitraire ; il combat pour ses droits et pour ses libertés. Alors, nulle puissance n'avait le droit d'intervenir dans cette lutte, sans blesser la justice et les mœurs de l'Europe, sans partager l'injuste arbitraire de la reine parjure.

Sous un gouvernement de fait, l'armée peut refuser son concours pour comprimer une insurrection voisine ou éloignée.

La royauté de fait n'est qu'une émanation du pouvoir établi par la force. Or, *le fait périt par le fait; le droit seul est immuable.* Ainsi, lorsqu'un gouvernement de fait cherche le droit par l'arbitraire, il travaille à sa fin; il *sape son édifice par le fondement.*

Système de l'Europe.

Ni paix, ni guerre ; *ni guerre, ni paix.*

De l'alliance anglaise.

L'alliance anglaise est une remballière dispendieuse.

En reprenant, à Beyrouth, cette alliance, toujours convoitée, on a fait une faute irréparable. Il fallait se tourner avec l'aimant, et le sang de l'insurrection ne coulerait pas en Portugal ni dans la Péninsule.

On aurait pu sacrifier quelqu'un ou

quelque chose pour arriver à un grand résultat.

J'ai dit en haut lieu : *Il existe un problème dans l'avenir de l'Europe qui se résoudra sûrement.*

Je n'ai pas d'opinion politique ; *le bonheur et la dignité du pays,* c'est mon épigraphe.

Si la Prusse marchait dans le progrès avec la France, la double alliance serait l'intégrité de l'empire ottoman. Alors la France, encore isolée, pourrait jouer un grand rôle dans les destinées de l'Europe.

Mais avec un pouvoir énervé, le

gouvernement de fait ne franchira jamais la Vistule et le Niémen. Pourtant, les *faits accomplis* ont arrondi la vaste Russie de la malheureuse Pologne ; ils ont réuni l'indépendance de Cracovie au despotisme de l'Autriche, toujours avec l'auxiliaire anglais. *La Pologne n'est plus....*

Trois théâtres sont ouverts à la politique de l'état : l'Italie, le Maroc et l'Espagne.

Quel rôle jouera-t-il dans cette grande scène? — *Le pape a repoussé sa présence tardive sur la péninsule italienne.*

Que fera-t-il dans le Maroc? — Que

deviendra-t-il en Espagne? — L'émir audacieux s'emparera-t-il de l'empire marocain à la face des baïonnettes françaises, et la loi salique reprendra-t-elle son ancienne vigueur aux cortès?

Que l'on se pénètre bien que dans le cas d'une intervention armée dans la péninsule espagnole, l'Angleterre sera toujours étayée par le nord : l'Autriche, la Prusse et la Russie. Il faudrait que Narvaez fût assez heureux pour résoudre la question de fait sans l'auxiliaire français.

Mais le prétendant possède déjà les villages et la partie saine des villes avant d'avoir touché le sol de l'Espagne, où sa présence attendue suffirait assez pour faire triompher sa noble cause.

Enfin, si on attend le conflit des armes, l'Angleterre se tournera vers le comte de Montemolin pour se venger d'une déception dans la loi salique, et continuer ainsi sa politique d'intérêt parmi les nations insurgées de l'Europe.

Cependant, la situation assombrie ne serait pas alarmante si on l'avait bien saisie préalablement ; *la question du Maroc et celle d'Espagne pourraient se résoudre négativement*; mais avec l'intervention armée, les deux questions resteront affirmatives et sans heureux succès pour la France.

De la conquête.

La conquête n'est pas un droit; c'est un fait. Ce fait n'établit pas le droit, il n'établit que la violence. Si la conquête était un droit, le peuple et le pays seraient également soumis. Il en est autrement; *le pays est conquis, le peuple est insoumis.*

En bonne politique, un pays habité et régi par des lois ne peut être soumis. Lorsqu'un pays conquis se révolte contre le vainqueur, sa rébellion n'est pas coupable.

Le fait est au vainqueur, le droit est au vaincu. Dix-sept années d'occupation douteuse en Afrique prouvent cette assertion.

De la colonisation d'Alger.

Le projet de colonisation de M. le duc d'Isly n'est pas exclusif. Il serait plus économique et plus sûr de tenter la prise d'Abd-el-Kader, comme je l'ai dit au pouvoir; *il existerait des moyens faciles.*

On est pressé d'établir un vice-roi à
Alger. C'est une condition que j'ai po-
sée depuis long-temps au gouvernement, et je soutiens que c'est l'unique
moyen de saisir les esprits et d'étouf-
fer la révolte. On pourrait diriger les
pupiles de l'état sur l'Afrique, pour
être employés à la formation de cette
colonie.

La royauté d'Alger serait le terme
de nos mécomptes d'Afrique et le meilleur moyen de colonisation. Elle serait le caractère de notre puissance lé-
gislative, le signal de la prospérité et
de la sécurité de notre colonie. D'ailleurs, la présence royale réprimerait

beaucoup d'abus qu'une présence éloignée ne comprimera jamais qu'imparfaitement avec la force des baïonnettes. Il faut une puissance toujours active pour soumettre l'Afrique et la maintenir dans l'ordre. Cette vérité n'a pas été démontrée.

Enfin, malgré les soins d'une sage administration, si l'insurrection éclatait de nouveau, si la violation des traités se renouvelait encore, la France serait en droit de réclamer la conquête du Maroc.

Nos voisins d'outre-Manche pourraient bouder un moment de plus;

mais ils n'ont pas le droit d'opposition, pas même l'adhésion de la France, *excepté seulement......*

On bâcle ce projet comme un autre, on le met au rang des faits accomplis..... *un peu tard.*

De la liberté de la presse.

Quant à la liberté de la presse, elle est incontestable sous un gouvernement de fait; elle est établie sur le besoin du peuple et ce principe philosophique : *La parole a été donnée à l'homme pour exprimer sa pensée.*

Après avoir exprimé sa pensée, n'est-

3.

il pas juste de la manifester? Voilà la nécessité de la liberté de la presse religieuse, morale et politique, réglée sur la justice, l'instruction du peuple et le besoin du pays.

Mais la presse romanesque n'est pas utile à la société. On devrait exclure cette liberté du domaine typographique.

On a beaucoup parlé de morale publique : on rêve la prospérité, le bonheur du pays, et la presse s'occupe d'étaler aux yeux du peuple des scènes d'amour et de galanterie!... Quelle inconséquence! quelle absurdité!...

Ne sait-on pas que la licence des mœurs s'oppose à la liberté de la morale; que la vraie liberté de l'homme consiste dans l'amour de la religion sublime qui réprime en nous ces affections coupables d'où naissent les maux qui nous arrivent?

« D'où viennent vos guerres et vos combats? N'est-ce pas de vos désirs et de vos concupiscences? » (St Jacques.)

Pour causer le désordre de la société, un seul de ces défauts suffit : un désir profane de l'intérêt ou de l'ambition; tout sera sacrifié à ce désir.

Il ne suffit pas de rêver le bonheur,

de s'épuiser à la recherche des moyens matériels, comme *l'agriculture, le commerce et l'industrie*. Ces moyens, proclamés par la science, viendront échouer aux pieds de l'idole des plaisirs, de l'intérêt ou de l'ambition. La foule de nos désirs nous éloignera toujours de la voie du bonheur.

Avec les désirs de la passion, il n'est pas de bonheur sur la terre, comme il n'en serait pas dans le ciel, si ces affections violentes pouvaient y pénétrer un instant.

Commençons donc par nous abstenir des désirs du siècle, et la prospérité suivra de près cette circoncision de l'âme.

Inciter les hommes à la morale religieuse, les pousser rapidement vers cette arche de salut par les préceptes de l'exemple et de la parole, c'est la tâche glorieuse et plus spéciale de la presse et du gouvernement. Mais sans la religion et les mœurs, il y a peu à espérer de la science et de l'avenir. *Les passions s'opposent au bonheur de l'homme.*

Au commencement, Dieu dit : « Que la lumière se fasse, » *fiat lux et facta est lux;* et cette lumière remplit le ciel et la terre de justice et de vérité! La justice des mœurs et la vérité de la foi, voilà la route du bonheur et de la prospérité des états; *c'est l'auréole du ciel et la ceinture de la terre.*

Juillet 1847.

II.

*Du malaise de la société et des moyens
d'y remédier.*

On s'est occupé du malaise de la
société; les journaux en ont retenti
longuement; les chambres ont exprimé
leur anxiété, sans indiquer le principe
de ce malaise ni les moyens d'y remédier.

Aussi, que d'existences menacées ! que de fortunes éteintes sous le régime défectueux de nos lois !

L'ambition de grandir, la vanité de paraître et l'amour des plaisirs, c'est le principe du mal. La défiance dans le commerce, la mauvaise foi dans les affaires, voilà *le malaise de la société.*

Dans le commerce, *on fait un mariage en espèces, on encaisse la dot de sa femme, et quelques années après, l'on donne son bilan. La femme réclame sa légitime, reconnue sur les biens de son mari, et les créanciers altérés sont obligés d'abandonner 60 p. % à leur débiteur, insolvable aux seuls yeux de la loi.*

Le ministère secret de quelques amis, l'entretien de sa maison et la toilette de sa femme, les pertes controuvées et les rabais supposés, c'est encore l'air sur lequel on joue la banqueroute légale dans le monde.

Il y a peu d'années, un particulier, que les gens de sa maison avaient l'air de plaindre beaucoup, disait effrontément : *Ne soyez pas en peine de moi, je gagne plus que vous dans cette affaire.* Il avait failli à la confiance publique, qui ne lui avait jamais manqué !

Assuré de sa fortune par la latitude de la loi, un homme a beaucoup d'avantages sur des créanciers accablés, qui viennent recueillir humblement les débris de sa probité légale. Ils sont obligés d'accéder aux conditions qu'il leur impose.

On a poussé l'impudence jusqu'à subir des pertes volontaires et méditées, pour envahir des sommes énormes à la bonne foi du pays.

Enfin, il y a des individus qui se laissent infliger la loi pour des sommes considérables. Ils visitent ensuite l'Angleterre, l'Allemagne et la belle Italie au ciel bleu et serein : ce sont des seigneurs qui ont quitté leur mère dans la crainte d'en être grondés.

D'autres abus, qu'il serait long d'énumérer, éteignent la confiance dans nos meilleures places de commerce.

Comme il importe de donner au commerce un caractère de confiance et de sécurité, servant de garantie à la fortune publique, toujours menacée par l'improbité, *la mauvaise foi*, j'ai l'honneur d'exposer le projet suivant à la sanction du pays :

ART. 1er. Il sera créé un comité de commerce dans chaque chef-lieu d'arrondissement.

Art. 2. Chaque comité députera annuellement un de ses membres pour l'inspection du commerce de l'arrondissement.

Art. 3. Cet inspecteur compulsera le bilan de chaque commerçant ; il en prendra une note particulière.

Art. 4. Il établira son rapport général, qu'il adressera au comité. Ce rapport restera déposé aux archives du comité de commerce de l'arrondissement.

Art. 5. A l'avenir, nulle faillite n'aura plus lieu que de l'avis du comité de commerce de l'arrondissement. Dans ce cas, les remises ne pourront s'élever au-dessus de 30 p. %.

Art. 6. Quant aux faillites frauduleuses, les individus seront poursuivis conformément à la loi, et rélégués en Afrique après libération, sous la surveillance de la haute police, pendant vingt ans.

Placemens illicites.

Pour faire ces placemens, il suffira de savoir que la nécessité, c'est la loi commune des hommes.

Un propriétaire qui aura besoin d'argent se croira heureux de trouver la somme nécessaire à ses affaires à un taux illicite.

Quant au système,

Les capitalistes ont un agent d'affaires : on s'adresse à cet agent, on convient avec lui de la rentrée des fonds, de l'intérêt et de la manière d'en exprimer le montant pour éviter la loi qui menace l'usure sans pouvoir l'atteindre. On met l'usure en dehors avec les frais d'obligation et de commission, que l'on retire avec soin, et la somme figure avec intérêt, licitement.

Les agens qui reçoivent les effets de commerce et les obligations, les remettent aux capitalistes et les retirent à échéance pour être acquittés ou protestés à leur propre nom.

Les petits caissiers agissent par extension jusque dans nos campagnes. Le taux modéré de ces tentateurs du bien-être, c'est de 10 à 15 p. %.

Enfin, le propriétaire reste chargé de l'entretien de cette société démoralisatrice qui brille souvent à côté de l'honnête homme pauvre et méprisé.

Pour obvier à ce désordre moral que la loi de 1807 ne saurait atteindre, qui trouve son existence dans la misère et le besoin du peuple, il n'y a qu'à imiter : l'usurier évite la loi ; eh bien ! évitons l'usure.

Que d'honorables capitalistes sè réunissent pour établir une caisse publique dans chaque chef-lieu de canton.

Des statuts approuvés par le gouvernement, exprimant le mode de placement à 6 p. %. net, suffiraient pour relever la morale en ce point, et rappeler enfin les fonds dispersés usurairement sur le sol de la France.

Des cœurs généreux, des hommes amis de leur pays et de l'humanité, voilà tout. *C'est un service éminent à*

rendre à l'agriculture, qui manque gé-
néralement d'argent.

Du monopole des denrées.

Le monopole des marchandises est une convention inique; mais le monopole des subsistances est une injustice de la plus haute immoralité.

Dans le Sarladais, une des principales causes de l'augmentation des denrées, c'est la vente anticipée du blé de semence. Ce blé, qui se vend depuis le mois de septembre jusqu'à la Noël, ne reçoit aucune préparation, aucun soin particulier; il résulte des bonnes terres, sans plus.

Mais au mois de mai, lorsque les ressources du peuple sont épuisées, que ses besoins augmentent, on élève encore le prix des subsistances.

J'ai été témoin de ces additions multipliées, de l'effet qu'elles produisent sur le peuple.

Un père de famillè arrive à Sarlat pour acheter un minot de seigle. Ce jour-là le blé avait augmenté de 1 fr. 50 c. par hectolitre ; mais n'ayant juste que l'argent de cette mesure de blé, au prix du marché précédent, ce pauvre homme fut obligé de rentrer chez lui sans acheter ce minot de seigle.

Qu'il est pénible pour un père mal-
heureux d'entendre crier à sa famille
infortunée : *Du pain! du pain!* sans
pouvoir satisfaire à ce cri déchirant de
la nature et de la nécessité !...

N'a-t-on pas compris que l'accroissement redoublé des subsistances ré-
duit le peuple à l'extrême urgence, à
la sédition et à l'émeute?

*Celui qui se meurt de faim n'entend
pas raison.*

Qu'après avoir épuisé ses faibles ressources, le petit propriétaire, le mé-
tayer comme l'ouvrier, sont obligés
également d'emprunter à l'usure pour

attendre une récolte médiocre qu'ils s'empresseront de vendre à un prix inférieur, pour satisfaire le fisc et l'emprunt annuel.

Que de larmes amères ces âmes avides de nécessités publiques ne sont-elles pas disposées à faire verser à l'infortune du pauvre, de la veuve et de l'orphelin !...

Non, les denrées du peuple ne doivent pas être soumises au monopole !

Malheureusement, la plupart des meilleurs propriétaires ne vendent leurs denrées qu'au printemps, lorsque les prix sont bien additionnés.

D'autres donnent leur blé aux bestiaux qu'ils ont à l'engrais. *C'est un cas de conscience que les évêques devraient prévoir.*

Enfin, s'il survient un sinistre, on s'empressera d'augmenter le prix des subsistances. Ainsi, les communes affligées par ce fléau se trouveront frappées soit par la grêle et par l'accroissement subit du prix des denrées.

Voilà comme on entend encore la justice et l'humanité au milieu de notre siècle de progrès et de lumière.

Dans nos grandes cités, où le commerce a le monopole des vivres, la

5

valeur des subsistances est diminuée à la récolte, pendant l'approvisionnement des magasins; elle est augmentée quelques mois après, jusqu'à la récolte prochaine.

Non, non, les denrées du peuple consommateur et de l'ouvrier ne doivent pas être assujetties à l'injustice et à l'avidité.

MM. les préfets des départemens devraient fixer annuellement le prix des denrées sur un terme moyen exposé dans un tableau annexé au bulletin de préfecture et appendu dans les bureaux de la mairie de chaque commune.

Les grands propriétaires ne doivent pas opposer l'obligation de l'impôt à cette mesure de justice et d'humanité; les ouvriers le paient sans se plaindre, et ne possèdent que leurs bras pour subvenir aux besoins de leur famille infortunée.

Enfin, les communes pauvres devraient s'approvisionner au moyen d'une imposition extraordinaire ou sur les fonds disponibles. *La taxe des subsistances et les greniers d'abondance et de prévoyance, voilà des moyens sûrs d'éteindre le monopole qui afflige le peuple cruellement.*

III.

De l'agriculture.

Un puissant moyen de hâter l'aisance et la morale de la classe agricole, c'est la création d'une cote d'assurance contre les sinistres qui atteignent l'agriculture.

Peu heureuses, les compagnies anonymes n'offrent pas assez de garantie ni de sécurité. Les sociétés mutuelles, qui pourraient convenir aux grands propriétaires, ne présentent pas assez d'avantage à la masse laborieuse, qui a besoin d'une assurance certaine, facile et indispendieuse.

Le peuple redoute les frais d'administration, de plaque, de police et de commission, purement utiles aux compagnies de sûreté.

L'établissement d'une cote d'assurance prélevée sur les contributions *foncière et mobilière*, à raison de trois ou quatre centimes par franc, c'est la voie du progrès et de l'aisance du peuple.

Dans les grands sinistres, on pourrait imposer le pays d'un centime additionnel, ainsi que je l'ai indiqué pour les inondés de la Loire.

Enfin, quant à l'estimation des pertes et dommages éprouvés par l'agriculture, elle serait faite par un expert nommé à cet effet dans chaque arrondissement de préfecture, et acquittée par les receveurs municipaux dans chaque chef-lieu de canton.

Il est impossible à l'agriculture d'éviter toute l'influence climatérique et la présence des phénomènes météorologiques qui causent ses mécomptes, ses insuccès ; mais la prudence et le discernement peuvent en atténuer la somme considérable.

En faisant les pommes de terre dans le mois de mars, on éviterait les bruines d'août, qui refroidissent cette plante et la rendent malade. Les taches noires qui s'impriment alors sur ses feuilles pénètrent la tige et se communiquent à elle rapidement.

Pour obvier à cet inconvénient, deux moyens solutifs se présentent naturellement : *placer plus profondément les tubercules dans la terre, ou les*

*planter plus avantivement pour éviter
ou prévenir la présence des rosées délé-
tères d'août.*

Des gramens.

Les graminées doivent être précoces. On devrait semer le seigle au commencement de septembre, et le froment, à la fin de ce mois ou dans la première quinzaine d'octobre.

Pour que les gramens puissent résister à la saison d'hiver, il est indispensable qu'ils acquierrent un grand développement, que les racines soient fortes et nourries avant l'approche des froids et des eaux pluviales, qui les détruisent facilement lorsqu'ils sont faibles, sans consistance.

De l'amendement.

L'agriculteur exercé doit reconnaître la nature de ses terres et des amendemens. *Un fumier chaud sur un terrain chaud, c'est un mécompte. Réciproquement, un fumier froid dans une terre froide, c'est un insuccès.*

Il y a des terres chaudes, il y a des terres froides; des fumiers chauds et des fumiers froids.

Le fumier de cheval est un fumier chaud, le fumier de cochon est un fumier froid. On jette un fumier chaud sur un terrain froid.

On met un fumier froid dans une terre brûlante.

Il y a beaucoup de mécomptes dans l'inapplication de cette règle.

Mais pour activer le développement des meilleures méthodes de culture et le reboisement de la France, on devrait :

1° Établir un inspecteur d'agriculture dans chaque chef-lieu de canton;

2° Annexer un cours préparatoire d'agriculture à l'enseignement primaire communal, soumis à la direction des comices agricoles et des inspecteurs. Alors les communes fourniraient un hectare de terrain, *soit communal, s'il en existe,* et les élèves fourniraient les bestiaux et les instrumens aratoires ;

5° En somme, les récoltes obtenues par le cours d'agriculture seraient employées à l'entretien d'un bureau de charité ou *comice de bienfaisance,* que j'ai proposé d'établir depuis long-temps dans chaque commune de France en faveur des pauvres malades, et des infirmes spécialement, en émettant le vœu d'un droit d'humanité au lieu du décime de guerre, pour éteindre la mendicité communale; d'ailleurs, *deux ou trois centimes d'humanité vaudraient mieux qu'un décime de guerre. La charité envers le peuple, c'est la meilleure politique d'un gouvernement éclairé qui a besoin de se maintenir pour assurer son existence.*

Que l'égoïsme comprenne donc qu'alléger le malheur du peuple, c'est fortifier ou maintenir la morale publique. Il faut une âme bien forte pour traverser purement le désert aride de ce monde! — Il faut plus, *il faut une religion sublime comme celle du Christ !*

Mais qu'est-ce que le malheur? —

Le malheur, c'est la faiblesse et la nécessité; c'est le désordre humiliant des
passions du siècle, frappant rudement
à la porte de l'humanité déchue du-
rant le mensonge officieux de la vie.

Parmi les doctrines diverses qui sur-
gissent de nos jours, les unes se sont
épuisées à ne rien dire; les autres ont
proclamé l'esclavage du peuple pendant l'enfantement laborieux de la liberté lointaine de droit, *jamais de fait,*
des nations asservies de l'Europe.

MÉMOIRE

ADRESSÉ

À LA SOCIÉTÉ ROYALE ACADÉMIQUE

DE LA LOIRE-INFÉRIEURE.

----o◦o----

La justice et les mœurs.

Le mouvement anormal de population qui s'opère fatalement des campagnes vers les grandes villes, tire son existence des lois de mai 1803.

L'autorité paternelle méconnue, les mœurs relâchées, le parcellement de la propriété et l'accroissement toujours progressif de l'impôt, voilà, messieurs, l'émanation fâcheuse des lois de l'empire.

Lorsque le chef de famille disposait librement de ses biens, la propriété n'était pas morcelée ; elle passait intacte à l'héritier présomptif, parce que la dot en argent de ses co-héritiers était trop faible pour amener le gaspillage de l'héritage paternel ou maternel, dont nous avons de si funestes exemples maintenant.

En ce temps-là, la France subvenait aux besoins des subsistances ; mais depuis le régime des lois de mai, les ressources diminuent à mesure que la population augmente, malgré la culture de la pomme de terre, les lumières de la science et les efforts de l'état.

Anciennement, les enfans s'estimaient heureux sous le toit paternel ; ils reconnaissaient leur aîné, *lui étaient soumis*, et toute la famille vivait en paix. Mais aujourd'hui, le fils ne peut se souffrir avec son père, la fille avec sa mère, le frère avec le frère, la sœur ou la belle-sœur; il faut un partage ou une séparation de famille à la mort des auteurs communs ou au mariage de l'héritier principal. De là, le morcellement de la propriété, l'accroissement de l'impôt et le malaise de la famille, de la société.

Si l'aîné, qui n'a que le quart sur ses frères, ne fait pas un mariage avantageux, s'il ne prend pas une forte dot en argent, lorsque ceux-ci consentent à recevoir leurs droits en espèces, il est obligé de vendre ou d'emprunter à l'usure pour les payer.

S'il faut partager la succession, la propriété parcellée diminuera de sa valeur; elle augmentera l'impôt et réduira les héritiers à l'état de gêne, de souffrance. Il n'y a que le capitaliste qui puisse se maintenir sous le régime actuel, en donnant ou assignant en argent les droits acquis par la loi à ses enfans puînés.

Mais le morcellement de la propriété, qui augmente l'impôt, multiplie les besoins sans accroître les ressources. On se tourne vers l'espérance; c'est l'avenir. On se flatte de mieux faire dans une ville où le commerce et l'industrie attirent tant de capacités oiseuses et mercenaires, faciles à corrompre. On espère en outre de l'humanité, absente de nos campagnes, où j'ai proposé depuis long-temps d'établir des bureaux ou comices de bienfaisance, en émettant le vœu d'un droit d'humanité pour venir au secours de ces établissemens ; enfin, d'une cote d'assurance contre les sinistres qui atteignent l'agriculture, prélevée sur les contributions foncière et mobilière, à raison de trois ou quatre centimes par franc.

L'espoir du gain dépeuple les campagnes depuis que l'égoïsme se fait sentir pesamment sur le peuple. On court après l'aveugle fortune, qui nous refuse ses dons, comme après le bonheur de la jouissance.

Enfin, mécontens du sol, les enfans de l'agriculture apprennent imparfaitement des métiers. Les jeunes gens qui désertent la culture de la terre aggravent la position déplorable de la classe ouvrière ; le libre exercice des métiers augmente le mouvement anormal de population vers les grandes villes signalé par vous, et prive l'agriculture de bras nécessaires à la production désirable des subsistances.

Si le père de famille pouvait disposer de ses biens librement, la soumission reviendrait aux enfans, qui n'abandonneraient plus la charrue pour se livrer à des professions que l'espoir pécuniaire éloigne des travaux agricoles; ils resteraient attachés au foyer de leur père, dans la crainte d'en être déshérités comme autrefois.

Mais une loi serait nécessaire pour arrêter le mouvement anormal, pour fixer la population agricole et améliorer le sort des ouvriers.

1. *Tout agriculteur sans profession ne devrait jamais être autorisé à quitter sa commune pour se fixer en ville.*

2. *Les ouvriers d'une commune agri-*

*cole ne devraient être autorisés à exer-
cer leur état qu'après avoir obtenu la
maîtrise d'un comité d'arts et métiers
établi dans chaque chef-lieu d'arrondissement. Ces ouvriers, qui privent l'a-
griculture de leurs bras, enlèvent le
travail à des maîtres oisifs et capables.*

*3. Quant aux ouvriers ayant obtenu
la maîtrise qui ne seraient pas occupés
en ville, la police devrait les renvoyer
dans leurs foyers après un terme moral. Il devrait en être de même des
filles sans condition.*

Nota. — La révision des lois de l'empire est
indispensable pour arrêter le malaise social.

Août 1847.

RAPPORT

ESCAMOTÉ A LA CHAMBRE DES DÉPUTÉS

Dans le mois de février dernier.

Messieurs,

Lorsque l'Angleterre n'obtiendra plus rien des *faits accomplis,* sa politique vagabonde se tournera vers les causes de droit.

Après avoir suivi M. Guizot en Espagne à prix de concession, le cabinet de Saint-James s'est replié sur Utrecht; il a *évoqué la quadruple alliance.* Si les états du nord n'ont pas protesté contre la violation de ce traité, c'est qu'ils attendaient la rupture de l'entente pour signifier à la France l'incorporation méditée de Cracovie à l'Autriche.

En déclarant à la tribune que les mariages espagnols étaient accomplis, lord Aberdeen a proclamé l'annexion de Cracovie à Vienne. Il a posé la possibilité de l'intervention anglaise sur le sol hispanique.

Si le comte de Montemolin triomphe dans la

Péninsule, il faudra intervenir ou se déshonorer de fait. Ainsi, le cabinet du 29 octobre se trouverait placé entre deux feux : *le mépris et la haine des puissances alliées !*

Cracovie et Constantinople, l'isolement de la France, don Miguel en Portugal et de Montemolin en Espagne ; après la mort de quelqu'un, l'intervention du nord et les intrigues de l'Angleterre, voilà, messieurs, la politique de l'Europe. Quant à l'intégrité de l'empire ottoman, la voici : la Russie s'emparera de Constantinople, la France reprendra Huningue et la ligne du Rhin déjà dévolue par la violation des traités de 1815, que le gouvernement s'est condamné à respecter ; l'Autriche et la Prusse prendront d'un autre côté.

Néanmoins, il existerait un moyen d'atténuer la politique de l'Europe, de rétablir l'équilibre et d'assurer la paix et la dignité de la France ; mais le gouvernement du roi doit être utile au pays ; il doit considérer les vœux et les besoins du peuple. *Il ne faudrait pas enter l'esclavage sur l'arbre chéri de nos libertés !*

ANDRIEUX

FIN.

www.ingramcontent.com/pod-product-compliance
Lightning Source LLC
Chambersburg PA
CBHW061300060726
47596CB00002B/674